Kindheitserinnerungen

0. Vorbemerkung

Als über Deutschland Hakenkreuze wehten,
da bin ich auf die Welt getreten.
Damals Gebiet in Polens Hand,
nach neununddreißig Wartheland.

Zum Glück war ich damals noch recht klein,
brauchte nicht des Kreuzes Träger sein.
Meine Geburt, fand ich heraus,
geschah in einem Försterhaus.

Vor 39 war dort Polen.
Dem Vater wurde da befohlen,
den Polnischen Soldatenrock zu tragen,
um Einfalldeutschland zu verjagen.

Der Widerstand war schnell vorbei.
Nicht jedoch die deutsche Barbarei.
Nach einer kurzen Wartezeit
trug Vater nun das deutsche Kleid.

Zog 41 wieder in den Krieg,
wo er bis zu dem Ende blieb.
Durch dieses schwere Schicksalstreiben,
konnten wir nicht in dem Forsthaus bleiben.

Die Zuflucht war Mutters Heimatort,
der Oma, Opas Herd und Hort.
Dort wurde Kleinkindzeit verbracht,
bis zu der gleich beschriebenen Nacht.

Das ehemalige Haus der Großeltern (aufgenommen 1995)

1. Aufbruch

Wenn ich für euch das jetzt berichte,
dann ist das wahre Zeitgeschichte.
Es ist jetzt mehr als 70 Jahre her,
ich sehe es als ob es gestern wär´.

Erzähle ich euch, fällt jedem ein,
du warst doch damals noch zu klein,
um klar zu sehen was geschah,
muss ich entgegnen, es ist wahr.

In dunkler Nacht im Januar,
es war das 45er Jahr,
wurde ich, so sollt ihr wissen,
je aus meinem Schlaf gerissen.

Ich sah die Mutter, Anverwandten,
die erregt hier hin und dort hin rannten.
In allen Zimmern brannte Licht,
verstehen konnte ich das nicht.

Die Mutter sprach:" Du wirst schon sehen,
wir müssen auf eine Reise gehen".
Sei still und warte ab,
ergänzte sie noch kurz und knapp.

Im Hof, das sah ich später dann,
stand da des Opas Fuchsgespann.
Dahinter stand der Kastenwagen.
Vor ihm sollte die alte Lotte traben.

Die Wagen waren hoch beladen
mit vielen Sachen, unseren Haben.
Auch für die Pferde Stroh und Heu,
die Betten, Decken noch ganz neu.

Im ganzen Dorf, das sah man später,
war jeder Bauer gleicher Täter.
Dann ging es los, wir fuhren weg,
das ganze Dorf war auf dem Treck.

Sontop verlassen, die Gefühle widerstreben,
das liebe Vieh, die Bauernherzen beben.
Doch die Befehle standen fest,
erst Neutomischel, dann nach West.

2. Unterwegs bei Schnee und Eis

Mich hatte man, muss ich noch sagen,
fest eingepackt auf Lottes Wagen.
Im Fußraum lag ich auf Lottes Futter,
den Bock bestiegen Heinz und Mutter.

Zunächst ging es ganz gut voran,
doch später fing das Chaos an.
Die große Straße konnte nicht fassen,
Gespanne, Autos, Menschenmassen.

Kein Mensch war richtig vorbereitet.
Die Mähr vom Endsieg war verbreitet.
Ein Bauer hängt fest auf seinem Land,
wird es nicht verlassen, liegt auf der Hand.

Doch war die Räumung jetzt befohlen.
Hinzu kam Angst vor Russen, Polen.
Auch hörte man schon fernen Schall.
Das war die Front, ihr Widerhall.

Kein Mensch war auf Flucht je vorbereitet.
Es war sehr kalt, viel Wind, es schneite.
Die Straßen voll mit Schnee und auch sehr glatt,
und kaum ein Pferd, das Stollen hat.

Die Pferde stürzten und Geschrei
war nicht nur von dem Tier dabei.
Das ganze war grauenvoll, entsetzlich,
dazu kam Truppentransport, ganz plötzlich.

Für sie gab es die Straße frei.
Der Treck war dabei einerlei.
Bei diesen schlimmen, entsetzlichen Geschen lagen,
nicht nur umgestürzte Wagen im winterlichen
Graben.

Der Treck kam so nicht gut voran.
Die Front zog immer näher ran.
Im Nachtquartier, ganz ungeheuer,
fing vom Beschuss ein Wagen Feuer.

Das war doch nur ein kleiner Schreck,
gegen das was uns noch erwartete auf dem Treck.
Noch war das Ziel, zusammen zu stehen
und miteinander weiter zu gehen.

. Um uns herum wächst große Not.
Die Schwachen, Alten fielen um und waren tot.
Noch hatten die Menschen was zu essen,
doch Todesangst die Herzen pressen.

Trotzdem so manche Bauern dachten,
was Wirtschaft und ihr Vieh so machten.
Kehrten um, gingen Heim, das ganze Stück,
Das war sehr dumm, kehrten nie zurück.

3. Alles verloren

Dann eines Tages, es war sehr kalt,
da war sie da die Front und die Gewalt
in soldatisch-russischer Gestalt
und nahmen alles, ohne Halt.

Die Ringe, Schmuck und alle Werte,
und auch so Dinge, die man selbst verehrte.
Das Schlimmst aber war, oh Graus,
man spannte uns die Pferde aus.

Zurück blieb zunächst noch die Lotte,
schon alt nicht flott, wir dankten Gotte.
Auf dem kleinen Kastenwagen
verstauten wir die verbliebene Habe.

Das Elend lange nicht vorbei.
Viel weiter ging die Plünderei.
Der neue Zustand nicht lange wärt.
Man nahm auch noch das Lottepferd.

Nicht nur das rauben aller Werte
war das was unsere Angst vermehrte.
Das Schlimmste war, meist in der Nacht,
und hat uns um den Schlaf gebracht.

Im großen Saal, dem Nachtquartier,
standen plötzlich Russen in der Tür.
Ihr Blick galt Mädchen jungen Frauen,
denk ich daran, packt mich das Grauen.

Mit Waffen kamen sie zu Hauf,
der Frauen Schicksal nahm seinen Lauf.
Es hieß, die Russen mögen Kinder,
mich mitgenommen ließ sie nicht hindern.

Die Mutter nahm mich an die Hand.
Drei Russen standen an der Wand.
Sie zerrten uns, wir mussten mitgehen.
Ich habe die Vergewaltigung gesehen.

Ein andermal an anderem Ort
Setzte sich das Drama fort.
In einer Nacht bei Eiseskälte
Sich Oma vor gezogne Waffen stellte.

Ein Offizier gebot den Russen Halt.
So endete diesmal die Gewalt.
Wenn dieses mal Gewalt auch nicht geschah,
War anderes Unheil immer nah.

So sei als Beispiel nur berichtet
Des Opas eigne Leidgeschichte.
Mit Stiefeln ging er aus dem Haus.
Die Russen zogen sie ihm aus.

Oft saß vom Dorf der Rest
In irgend einem Orte fest.
Die Russen machten immer Beute;
und suchten arbeitsfähige Leute.

So kam auch schon ein neuer Schreck,
Opa und Mutter mussten weg.
Kein Mensch konnte uns sagen,
wohin sie mussten, was ertragen.

Nach Tagen, mit ein wenig Glück,
kamen sie erschöpft zurück.
Nicht immer ging es so gut aus.
Opa kam nie zurück, nie mehr nach Haus.

Nach vielen Wochen , Tagen
verringerten sich stets unsere Haben.
Für drei Familien war geblieben
ein kleines Wägelchen zum schieben.

Die Ehrlichkeit, Moral, das Höchste,
man war sich selber nur noch der Nächste.
In einem Ort, nur ein paar Stunden,
da waren die Wagenräder weg, verschwunden.

4. Hunger und Tod

Es herrschte ringsum große Not.
Nur selten sich das Essen bot.
Neben allen gezeigten Kummer
war allgegenwärtig der Hunger.

Es fehlte an allem, nicht nur Brot,
die Schwachen, Alten fielen um und waren tot.
Am Straßenrand, und nicht nur hier,
lagen Wagen, Menschen und viel Getier.

Dies zu ertragen war nicht leicht.
Frau Taubers Trost machte uns reich.
Auch der Zusammenhalt der Dorfleute
war zwar gering, doch immer Freude.

Das vorwärts kommen war sehr schwer
und oftmals ging auch gar nichts mehr.
Zu allen allgemeinen Plagen,
waren Krankheiten zu ertragen.

Wir drei Kinder wurden furchtbar krank.
Ein schlimmer Umstand, aber Gott sei Dank,
die Russen waren da sehr empfindlich.
Sie schirmten uns ab und das sehr gründlich.

Als die Diagnose Scharlach war,
mieden uns die Russen ganz und gar.
Wir kamen in ein extra Haus
Und nur Erwachsene durften raus.

Wir Kinder bekamen Quarantäne,
ein Umstand, den ich gern erwähne.
Mutters Arbeit in der Bäckerei.
Der Hunger war zunächst vorbei.

Ich denk, wie mag der Aufenthaltsort heißen.
Meine Erinnerung sagt mir dann „Gleißen".
So kam das Frühjahr schon heran.
Heinz arbeitete auf dem Gut mit dem Gespann.

Nach langer Zeit, es waren Wochen,
war Krankheitskraft zum Glück gebrochen.
So mussten wir dann weiter ziehen.
Das Ziel war nahe bei Berlin.

Vom ganzen Dorf, zur Flucht getrieben,
waren drei Familien noch geblieben.
Wir wollten, dass unser Leben blieb,
es war noch weiter roher Krieg.

In weiteren Wochen, Tagen
ging es nun weiter mit den Plagen.
Es ging so weiter Stück für Stück.
wir blieben verschont und hatten Glück.

5. Am 1. Ziel

So schwer auch alles für uns war,
gesund und lebend – wunderbar.
In Sicherheit, den Menschen freut´s,
das Ziel erreicht, es war Groß Kreuz.

Ein großer Raum im Gemeindehaus.
Das reicht drei Familien aus.
Nach fast sechs Monaten geschafft.
Nun weiter sehen mit ganzer Kraft.

Wo Verwandte waren wussten wir nicht.
Doch alle hatten Zuversicht.
Da fing das große Suchen an.
Wo sind die Söhne, ist den Mann.

Des Suchdienstes Hilfe sowieso
Das Rote Kreuz und Radio,
mit jede noch so wagen Quelle,
damit sich Klarheit bald einstelle.

Dann eines Tages wollte es das Geschick,
nicht jeder hatte soviel Glück,
die Nachricht kam, welch frohe Stunden,
der Onkel, Vater waren gefunden.

Doch diese Nachricht war nicht ohne.
Sie waren in der Britischen Zone.
In Tündern, das fiel Oma ein,
sollte im Ernstfall Treffpunkt sein.

Zusammenfinden wäre nicht schwer,
wenn nicht die grüne Grenze wär.
So wurde kurz und unverdrossen
ein Nacht - Grenzdurchbruch beschlossen.

Zur Unterstützung kamen heimlich an
Onkel Kurt und Mutters Ehemann.
Diese Ansprache solltet ihr verstehen.
Ich hatte Vater vorher nicht gesehen.

Wir packten ein was uns geblieben
und fort ging es mit unseren Lieben.
Die Reise ging zu jener Stelle,
die Treffpunkt war für solche Fälle.

Dort war man keinesfalls allein.
Manch anderer Mensch fand sich dort ein.
Ein kundiger Mann für Honorar
zeigte wo Querung leicht und sicher war.

Die Nacht war dunkel, herbstlich , kalt.
Zuerst ging es durch tiefen Wald.
An einem Flusse angekommen,
die Grenze queren, den Fluss durchschwommen.

Das klingt sehr einfach, mag auch stimmen,
doch Oma, Mutter, ich konnten nicht schwimmen.
Kurt, Heinz, der Vater nahmen zack
Oma, mich, die Mutter einfach huckepack.

Der schwerste Teil war nun vorbei
und weiter ging die Reiserei.
So kamen wir ganz langsam, sacht
In Tündern an, es war noch Nacht.

Die Ankunft werde ich nie vergessen.
Es gab auch endlich was zu essen
In meinem Hirn fest eingecheckt,
wie gut Milchsuppe schmeckt.

Während der ganzen Kinder-, Jugendzeit
Stand später Milchsuppe stets bereit.
So habe ich als Frühstücksessen
täglich Milchsuppe als Haferbrei gegessen.

Wir waren in Tündern angekommen.
Als weitere Flüchtlinge aufgenommen.
Zwar war der Wohnraum doch recht klein,
doch war´s für uns das neue Heim.

Die Kammer, Stübchen, Küchenraum
Zwar eng doch nach der Flucht ein Traum.
Das Alltagsleben setzte ein
Und Arbeit musste zum Leben sein.

Die Bleibe war eine Gärtnerei.
Da gab es Arbeit für die Drei,
die Oma, Heinz und auch die Mutter
bekamen Arbeit und nicht nur für Butter.

Onkel Kurt hatte durch den Krieg nur noch ein Bein.
Er blieb zum Schaffen nun Daheim.
.Er hat sich immer gut gehalten
und sägte aus Sperrholz Tiergestalten.

Die schickte er an die Fabrik.
Manch buntes Spielzeug kam zurück.
Der Vater war als Förstersmann
Dafür ein wenig übler dran.

Er unternahm manch fruchtlosen Versuch
Zu gehen zurück in den Beruf.
Um zu ernähren Kind und Frau,
verdingte er sich auf dem Bau.

So brachte Arbeit allen etwas ein.
Ein Dauerzustand konnte das nicht sein.
Auch fehlte Nachricht von den Lieben.
Wo war Vaters Familie wohl geblieben?

So verging mit Arbeit Zeit.
Und eines Tages war es soweit.
Da haben wir erfahren,
wo Vaters Verwandte waren.

Sie hatte es nach Hangelsberg verschlagen.
Die Nachricht war Freude, kann ich sagen,
zu wissen wo Oma, Opa, Kätchen sind
auch Tante Frieda, Manfred das Pflegekind.

Es flossen Briefe hin und her.
Das Leben aller interessierte sehr.
Bis eines Tages die Nachricht auftauchte,
dass man im Osten Förster brauchte.

6. Der Entschluss

So fassten Eltern den Entschluss,
dass man sich bald verändern muss.
Wir werden in den Osten gehen.
Alles andere werden wir dann sehen.

Mein Opa bekam heraus,
dass nahe frei ein Försterhaus.
Dazu die entsprechende Stelle,
man würde Vater nehmen, auf alle Fälle.

Das Haus im Wald, weit von dem Ort,
mit Wohnung frei, für uns sofort.
Dazu die Wiesen, Feld und Garten,
so konnte eigner Landbau starten.

Das war in dieser Zeit sehr wichtig.
Für meine Mutter war das auch richtig.
Sie wusste mit ihrem Landwirtschaftskönnen,
alles für den Landbau – Start zu nennen.

Der Übertritt war vorbereitet.
Diesmal von offizieller Seite.
Der Übertritt, das musste sein,
ging über ein Auffangheim.

Diesmal fiel der Abschied nicht so schwer,
denn eine Flucht war das nicht mehr.
Wir wollten unser Leben neu aufbauen.
Nicht leicht, doch nur nach vorne schauen.

Das Auffangheim als Aufenthalt
lag hinter uns zum Glück schon bald.
Wir gingen weiter froh ans Werk.
Das Ziel war erst mal Hangelsberg.

Bei Oma, Opa, Kätchen und Tante Frieda
sahen wir uns nach Jahren wieder.
Von diesem neuen Zufluchtsort
Setzten die Eltern die Erkundung fort.

In diesem Örtchen Hangelsberg
gab es damals noch ein Sägewerk.
Der Opa als Meister von Maschinen
konnte dort die Dampfmaschine gut bedienen.

Auch Kätchen, Opas Töchterlein,
musste ihm dabei behilflich sein.
So brachten sie den Lohn nach Haus
und kamen damit ganz gut aus.

7. Forsthaus Bunter Schütz

Dann eines Tages, es war im 47er Mai,
kam unser Umzugstag herbei.
Das Forsthaus groß, der Luxus nicht,
es gab da nicht einmal elektrisch Licht.

Forsthaus Bunter Schütz 1991

So trafen wir in Bunter Schütz ein.
Wir war auch nicht ganz allein.
Um Unterstützung mussten wir nicht bangen.
Tante Frieda mit Pflegekind Manfred waren
mitgegangen.

Wir richteten uns nun häuslich ein.
Das Wichtigste musste die Ernährung sein.
Die Eltern hatten Vorsorge getroffen.
Die Lieferung von Saatgut stand noch offen.

Die großen Kisten kamen an,
gezogen von einem Pferdegespann.
Einige der Kisten waren offen.
Besonders Mutter war betroffen.

Wahrscheinlich auf des Zuges Reise
bedienten sich Menschen auf ihre Weise.
Nach diesem ersten großen Schreck
waren Traurigkeit und Missmut weg.

Es ging darum, Feld und Garten zu bestellen,
damit die Zukunft zu erhellen.
Da gab es immer viel zu tun,
war keine Zeit sich auszuruhen.

Die Schinderei hat was gebracht.
Die gute Ernte, eine Pracht.
Damit war der Grundstein schon gelegt,
dass es mit uns wieder aufwärts geht.

Wir hatten wieder gut zu essen.
Ich werde die Zeit niemals vergessen.
Dann fing für mich das ernste Leben an.
Beginn der Schule war jetzt dran.

Das war kein Fest, wie meistens heute,
Dafür waren wir zu arme Leute.
Die Schule fand ich immer netter,
trotz 6 km Schulweg, bei jedem Wetter.

Zwölf km legte ich täglich nun zurück,
zu Fuß, allein, dass war kein Glück.
Erzähl ich das, fällt mancher ein,
das könnte heute niemals sein.

Die Freizeit verbrachte ich nun allein.
Das konnte auch nicht anders sein.
Für Pflegling Manfred kamen frohe Stunden,
denn seine Mutter in Berlin war gefunden.

Mein Alleinsein hielt nicht lange an.
Das lag ganz einfach nur daran,
dass eine Familie mit 6 Kindern
zu uns kam, nach dem Winter.

Drei Kinder interessierten mich.
Sie waren fast so alt, wie ich.
Die Waldtraut, Christel und der Horst
sollten nun auch laufen durch den Forst.

Zur Schule Kersdorf jetzt zu gehen,
war für mich nun leichter anzusehen.
Doch dann traf diese Nachricht ein,
in Kersdorfer Schleuse soll auch eine Schule sein.

Dahin war der Weg nur halb so lang.
Der See dazwischen machte bang.
Als Lösung bot sich dann auch an,
der Lehrer sollte uns holen mit dem Kahn.

Horst, Christel, Waldtraut und Dieter im Frühjahr 1948 v.l.n.r.

Der Test ging gut, die Entscheidung richtig,
doch pünktlich sein, das war ganz wichtig.
Die Schule mit nur einem Raum,
mit allen 8 Klassen wäre heut ein Grauen.

Für mich, für uns war es nun leicht.
Meist pünktlich auch das Ziel erreicht.
Wir täglich nun im Kahn anreisten.
Welcher Lehrer würde das heute noch leisten?

Wer denkt wir Kinder hätten sehr gelitten,
der irrt sich sehr, den muss ich bitten,
sich Wald, die Wiesen, Wolken, Tiere anzusehen,
Dann kann er das Gegenteil verstehen.

Auf unserem Schulweg gab es viel zu sehen.
Dadurch konnte es geschehen,
dass wir vergaßen unsere Pflicht.
Am See der Lehrer war lang außer Sicht.

Wir waren uns unserer Schuld bewusst.
Das Mittel gegen Lehrers Frust
war einfach, denn wir kannten sein Begehren
nach Lebensmitteln, Pilzen Beeren.

In unseren sonstigen freien Stunden,
waren der Fluss, der Wald , die Wiesen zu erkunden.
Wir streiften auch durch Strauch und Hecken
und spielten in dem Wald verstecken.

Auf Bäume klettern, Bunker bauen,
das Schilf durchstreifen, in Nester schauen.
Das Haus durchstöbern „An der Flut",
um aufzufinden verlorenes Gut.

Wir spielten auch, wie Kinder sind,
das Spiel von Vater, Mutter, Kind.
Sie zeigten mir, muss ich gestehen,
was sie bei ihren Eltern oft gesehen.

Wir kannten keine Langeweile
und waren auch niemals in Eile.
Ganz ohne moderne PC-Technik
vergnügten wir uns prächtig.

Für mich war diese Kinderzeit
mit der Natur und Einsamkeit
so schön. Mir war in meinem weitern Leben
nur wenig gleichwertiges gegeben.

Im sonstigen grauen Alltagsleben
hat es auch Veränderungen gegeben.
Eines Tages, die Sensation,
bekamen wir ein Telefon.

Wie reiner Luxus mutete es an,
als das erst Akkuradio kam.
Vater stand eines Tages parat
Mit einem kleinen Motorrad.

Der Lebensaufschwung ging sonst auch weiter.
Die ersten Haustiere machten heiter.
Die rote Kuh, das erste Schwein,
auch erste Hühner trafen ein.

Mit diesen wichtigen Tieren
konnten wir ein unabhängiges Leben führen.
Mit vielen Pilzen und Waldbeeren
konnten wir uns nun auch reich ernähren.

Es kam der erste Hund ins Haus.
Er sah so rot wie´s Füchslein aus.
Der kleine Hund ein bunter Mix
hatte große Ähnlichkeit mit einem Spitz.

Das war kein Försterhund, fürwahr,
doch Lebensfroh und wunderbar.
Viel Freude hat er uns gemacht
und Leben in das Haus gebracht.

In Bunter Schütz das Waldarbeiterhaus
2 Wohnungen, renoviert, sah gut aus.
Die eine von der Familie schon bewohnt.
Die andere leer, ganz ungewohnt.

Schön wäre, wenn Opa, Oma, Kätchen kämen,
um diese Wohnung anzunehmen.
Die Familie, wäre sie dann hier,
fände Arbeit bei Vater im Revier.

Das alles wurde abgesprochen,
bald die Verwandtschaft eingetroffen.
Die Familie nun zusammen stehend,
den weiteren Weg gemeinsam gehend.

So kehrte in dieser Zeit zurück
ein großes Stück Familienglück.
Das Kätchen konnte weiter hoffen.
Ihr Gustav war auch eingetroffen.

Sie hatten sich, wie es das gibt,
als junge Menschen schnell verliebt.
Der Vater hatte, das soll es ja geben,
nun seinen erste Forsteleven.

Das Schicksal meinte es jetzt mit uns gut.
Und alle hatten Lebensmut.
Doch war für alle unterdessen
die alte Heimat nicht vergessen.

Am Abend und bei Lampenschein
stellte sich oft die Wehmut ein.
Ich hörte in den gefälligen Berichten
manche heimatlichen Geschichten.

Doch würde ich hier falsch berichten,
gäbe es nur traurige Geschichten.
Das Gegenteil ist wirklich wahr.
Der Lebensmut überwiegte klar.

Für mich als Kind hat´s zwar interessiert,
doch heimatlos niemals berührt.
Ich hatte stets ein freies Leben.
Konnte mich zum Fluss, im den Wald begeben.

Die Fische angeln, die Flur durchstreifen,
die Schönheit der Natur begreifen.
Mit Oma durch die Wiesen gehen
und Kräuter sammeln, wunderschön.

Die Spree, der Spreearm waren mein Pläsier.
Im Wasser interessierte das Getier.
So manche Stunde ist vergangen
beim Spielen und beim Krebse fangen.

Auch Muscheln habe ich gebracht.
Daraus wurde Muschelfleisch gemacht.
Die kleinen Fische, die ich gefangen,
sind in Fischbuletten gegangen.

Die Spree war damals noch sehr rein.
Im Sommer baden musste sein.
Das hat mir immer Spaß gebracht.
Manch Schwimmversuch hab ich gemacht.

Das normale Leben hatte uns wieder,
nach Krieg, Verlust und auf und nieder.
Ein weiterer Höhepunkt fing an.
Ein neues Leben kündigte sich an.

Die Mutter sagte, ein Kind tritt ein.
Es wird vielleicht ein Schwesterlein.
Die Zeit verging, da war im Haus
ein kleines Kind, nach Nikolaus.

8. Heilige Nacht

So vor dem nahen Weihnachtsfeste,
war dieses Geschenk das aller beste
Die Weihnachtsfeier in diesem Jahr
war so ergreifend, wunderbar.

Die Familie, Bekannte alle schauen
beim Lieder singen auf den Baum.
Die hellen Lichter, Christbaumkerzen,
die machten froh und öffneten Herzen.

Auf einmal war ein dumpfer Klang.
Uns Kindern wurde im Herzen bang.
Der Weihnachtsmann war angekommen.
Er hat uns ins Verhör genommen.

Wir sollten berichten Missetaten.
Wurde uns vom Weihnachtsmann geraten.
Nach Gedicht vortragen, Taten gestehen,
konnte der Weihnachtsmann wieder gehen.

Es gab nicht viel Geschenke.
Doch dieser Feier ich gedenke.
Es war nach allem was wir durchgemacht
Die erst wahre Heilige Nacht.

Besonders Opa, Oma, Tante Frieda, welcher Klang,
mit ihrem mehrstimmigen Gesang,
haben nicht nur in dieser Nacht
die Herzen weit und Glück gebracht.

Der Vater spielte auf der Violine
ganz so als ob die Sonne schiene.
Die erhabnen, frohen Stunden
hab ich so nicht noch einmal empfunden.

9. Über die Familie

Vaters Familie war musisch sehr begabt.
Manch schönes Erlebnis hab ich gehabt.
Ich denke die Musikalität
durch sie mir auch im Blute schwebt.

Das Kätchen spielt auch ganz nett.
Oft sang sie mit Oma im Duett.
Wenn Oma rezitierte unverwandt,
mir fast der Mund nur offen stand.

Omas Gedächtnis war enorm.
Ich glaub, sie hat mich stark geformt.
Von dem Opa hab ich, zum Glück,
gewiss das handwerkliche Geschick.

Mutter organisierte unser Leben.
Das Musische war ihr nicht gegeben.
Gesang musste bei ihr nicht sein.
Kein richtiger Ton fiel ihr da ein.

Dafür hatte sie andere Talente.
Manch Frau wäre froh, wenn sie das könnte.
Das Backen, Kochen, Stricken allein,
reichte aus , um meisterlich zu sein.

Tante Frieda Omas Schwester war,
für Mutter Hilfe ganz und gar.
Ein wenig traurig dann und wann.
Sie hatte verloren ihren Mann.

Sie war bei uns der gut Geist.
So hat sie sich und uns wohl meist
Den Optimismus für das Leben
behalten und Fröhlichkeit gegeben.

Ein weiterer Verlust, einen sehr lieben.
Onkel Ernst war auch im Krieg geblieben.
Das alles war damals geschehen.
Nun musste es aber weiter gehen.

So wie sich Leben mehr und mehr erhellte,
sich weiteres Glück dazu gesellte.
Aus Gustavs, Kätchens Liebelei
kam ihre Hochzeit jetzt herbei.

Das Glück war leider gleich getrübt,
wie es das so im Leben eben gibt.
Ihr erstes Kind blieb nicht am Leben.
Da war viel Traurigkeit gegeben.

Das Schicksal wechselt hin und her.
Und ein Ereignis erfreute sehr.
Der Gustav hatte mit Verstand
die Försterprüfung in der Hand.

Dadurch entstand der Umstand schnell.
Er bekam das Forsterhaus „Breit Gestell".
Der Umzug war auch bald beschlossen.
Und Omas Abschiedstränen flossen.

Die Traurigkeit gab sie bald auf.
Das war der Menschen Lebenslauf.
Auch war es ja, zum Glück,
nach „Breit Gestell" ein kleines Stück.

Unser Leben verlief jetzt in normalen Bahnen.
Doch schon, ihr könnt es wohl erahnen,
kündigte sich Veränderung an.
Auch wir waren wieder mit Umzug dran.

10. Bewegte Zeit

Die Nachkriegszeit war unentwegt
Von laufender Veränderung geprägt.
So hieß es, wie im ganz privaten Leben,
auch beruflich auf- davon zu streben.

Dem lieben Vater trug man an,
zu werden höherer Förstermann.
Da folgte, für mich sehr gemein,
ein neuer Wohnort musste sein.

Der Umzug hat mich später nie gereut.
Am Ende war ich sogar hoch erfreut.
Ein großes Haus, elektrisch Licht,
ich freute mich aus Kindersicht.

Der neue Wohnort Hammer war.
Der Umstand Verbesserung ganz und gar.
An diesem historischen Ort
setzte sich Vaters Försterleben fort.

Für Vater gab es viel zu tun.
Das neue Amt ließ ihn nicht ruhen.
Für Mutter gab es, wie vorher,
zu tun im Haushalt mehr und mehr.

Auch hier gab es Garten, Wiesen, Feld.
Das Wirtschaften bracht eben etwas Geld.
Es schien sich alles gut zu wenden,
doch dann begann es jäh zu enden

Tante Frieda, der gute Geist im Haus,
fiel plötzlich durch schwere Krankheit aus.
Ihr Hilfe war immer sehr viel Wert,
denn der Tierbestand hatte sich vermehrt.

Zum Viehbestand, den wir bekommen,
haben wir auch noch ein Pferd genommen.
Das Pferd war auf das Feld zu schicken.
Wenn Zeit blieb auch noch Stämme rücken.

meine Schwester und ich   unser Pferd, Tante Frieda
und drei Kinder von Hammer

Durch diesen Umstand, es musste sein,
war ich auch noch ziemlich klein,
sprang ich für Tante Frieda ein
und konnte etwas Hilfe sein.

Auf diese Weise lernte ich dort
die Feld- und Tierarbeit sofort.
Das war sehr schwer, doch für mein Leben
hat das mir Halt und Kraft gegeben.

Zur Schule ging ich nach Märkisch Buchholz.
Alles zu schaffen war mein Stolz.
Auch für mein kleines Schwesterlein
musst ich oft die Aufsicht sein.

Zum Spielen gab es auch noch Zeit.
Der Platz war dafür weit und breit.
Zum Spielen gab es, welches Glück,
der Kinder im Ganzen 7 Stück.

Die Kinder von Hammer 1951

Buchhalter Mielisch hatte vier,
der Bauer zwei und ich von hier.
Dazu ja noch das Schwesterlei.
Das passte vom Alter nicht so richtig rein.

Das Spiel war aus, wenn Arbeit rief.
Dafür war es aber meist sehr intensiv.
Wir gaben immer sehr gut acht.
Es war der Ort der letzten Schlacht.

Die große Kesselschlacht bei Halbe;
herum lag Kriegszeug, wie auf Halde.
Gefährlich war die Sache schon,
besonders beim Spiel mit Munition.

Gezeigt hat sich Gefährlichkeit.
Ein Unfall gab´s in dieser Zeit.
Ein Junge etwa alt, wie ich,
verlor die Hand und Augenlicht.

Der Opa, Oma, hatte ich vernommen,
die werden auch bald zu uns kommen,
Im Hause war noch reichlich Platz.
Ein wenig für Tante Frieda auch Ersatz.

Die Reste von der Schlacht bei Halbe,
die brachten Opa Arbeit balde.
Sehr schlimm des Krieges Schatten.
Er half Soldaten zu finden, zu bestatten.

Nach Buchholz-Schule die Straße lang
dazu ich jetzt auf´s Fahrrad sprang.
Ich wusste, wie es mit anderen Kindern geht,
hatte mich deshalb schnell eingelebt.

Ein Umstand machte mich auch froh.
In Buchholz öffnete ein HO.
Dort gab es ,welches Glück,
für 50 Pfennig Drops zurück.

Das waren, ihr werdet lachen,
für mich die ersten süßen Sachen.
So konnte das Leben weiter gehen,
doch eines Tages das Geschehen.

Eine Kontrolle hatte gefunden,
dass jede Menge Holz verschwunden.
Mein Vater hatte es nicht bemerkt.
Die Leute gingen klug zu werk.

Man täuschte ihn, ganz ohne Scheu.
Er war als Oberförster neu.
Eingebunden waren, das ist nicht heiter,
seine aller engsten Mitarbeiter.

Dazu der Förster von nebenan.
Für Vater ein vertrauter Mann.
Zum Glück konnte Vater, das auch ganz flott,
beweisen, nicht dabei zu sein in dem Komplott.

Doch hatte Vorgesetztenmitleid Grenzen.
Er hatte zu ziehen Konsequenzen.
Das führte, ja so ist die Welt,
zu einem neuen Betätigungsfeld.

Auch neuer Wohnort war von Nöten
mit Stallungen, die Platz für Tiere böten.
Die Tiere waren für Mutter wichtig,
zum Geldverdienen sparen richtig.

Der Umzug kam, bei uns schon Sitte.
Nach Kolberg ging´s in Dorfes Mitte.
Ein halbes Bauernhaus, recht klein,
musste Platz für vier Personen sein.

Ich lieber etwas anderes hätt´.
Nur unsere Mutter fand das nett.
Der Schulweg nach Prieros , ganz allein,
konnte da für mich ein Vorteil sein.

Auch der Viehbestand hatte sich verkleinert.
Von den Hunden übrig nur noch einer.
Die Kuh, vier Schweine, Hühner mussten sein.
Mehr passten in den Stall nicht rein.

Auch Opa und Oma konnten nicht bleiben.
Nach einem eingetroffenen Schreiben,
der Entschluss kam schnell,
zogen sie zu Kätchen nach „Breit Gestell".

Man sieht es gab keinen festen Ort.
Die Wurzeln, Heimat waren fort.
So war es Mutters stetes Streben,
es muss wieder eine Heimat geben.

Die liebe kranke Tante Frieda,
nach langem, schweren auf und nieder,
fand Platz, der Lösung bester,
in „Breit Gestell" bei ihrer Schwester.

Sie wäre gerne bei uns geblieben.
Doch wie die Dinge einmal liegen,
es war kein Platz und keine Zeit.
Zur Pflege stand Mutter nicht bereit.

Tante Frieda erholte sich nicht mehr.
Das machte traurig alle sehr.
Sie ist bis zum Ende dort geblieben
und starb im Kreise ihrer Lieben.

Tante Kätchen bekam geschwind
in „Breit Gestell" ihr zweites Kind.
Als gerade Osterferien waren,
bin ich nach „Breit Gestell" gefahren.

Ich wollte Vetter Jürgen sehen,
noch winzig klein, doch wunderschön.
So war zu Kätchen Glück gekommen.
Sie hat es gerne angenommen.

Der Opa hatte den Einkauf übernommen.
Er war im Laden angekommen,
In diesem kleinen Lebensmittelmarkt
bekam er plötzlich einen Infarkt.

In diesem Falle, so auf die Schnelle,
wer damals nie ein Arzt zur Stelle.
Er ist dann dort sogleich verstorben.
Das macht nicht nur Oma, Kätchen Sorgen.

Auch Vater hat das mitgenommen.
Familienschmerz dazu gekommen
Beruflich neu und Opas Ende
waren für Vater eine Wende.

Meinen Vater hat das alles sehr bewegt,
hat stets nach Ehrlichkeit gestrebt.
Er war an sich ein braver Mann.
Doch jetzt fing er das Saufen an.

Auch was 4 Kriegsjahre ihm angetan,
das weiß man nicht, kann es nur ahnen.
Auch von Menschen , denen er verbunden,
enttäuscht zu sein, er nie verwunden.

Geraucht hatte er schon immer.
Das wurde jetzt jedoch viel schlimmer.
So an die 60 Stück pro Tag,
darum ich rauchen gar nicht mag.

Für mich war alles, wie vor dem.
Ich musste in eine neue Schule gehen.
Am neuen Ort die häuslichen Pflichten,
musste ich, wie sonst, verrichten.

Ich hatte oftmals wirklich nichts zum lachen;
und musste viele Dinge machen.
Den Spruch bekam ich dann zum Lohn:
„Ach unser Dieter schafft das schon".

Ein neues Umfeld war nie ein Problem.
Ich konnte immer gut bestehen.
Auf neue Bedingungen eingestellt
kam oft auch in meiner beruflichen Welt.

In meinem weiterem Kinderleben
hat es noch manche Veränderung gegeben.
Bis ich im 18. Lebensjahr stand,
gab es 10 Wohnorte insgesamt.

Dadurch, das liegt ja auf der Hand,
ein Schulwechsel sich später damit verband.
So habe ich in 10 Schuljahren
Das Lernen in 6 Schulen erfahren.

Diese Veränderungen formten mich.
Sie waren deshalb sicherlich
ein Grundstein für mein Leben
und haben unterstützt mein Streben.

11. Wieder ein neuer Anfang

Ein neuer Lebensabschnitt fing für Vater an.
Für neue Aufgaben der richtige Mann.
Er hatte die seltene Kraft,
die bei Menschen schnell Vertrauen schafft.

Das brauchte er, denn jetzt und bald
sollte Forst bewirtschaften privaten Wald.
Da musste er mit vielen Menschen reden
und diesen manchen Hinweis geben.

Sein neuer Wirkungskreis war groß.
Es war zwar nicht das große Los,
jedoch in 10 Gemeinden er es geschafft,
Ordnung und Struktur gebracht.

Um seinen Bereich gut zu erkunden,
brauchte er zum Fahren viele Stunden.
Der Weg dahin war auch recht weit.
Das war für ihn verlorene Zeit.

Um diesen Umstand schnell zu wenden,
mussten wir das Wohnen hier beenden.
Wir sind nach Rieplos umgezogen.
Der Vorteile viele überwogen.

Das war auch gut für Mutters sparen und ihr Geld.
Sie bekam dort ein neues Betätigungsfeld.
Sie sollte hier, zunächst zu zweien,
Die Leiterin für Hühneraufzucht sein.

Das Haus lag abseits von dem Ort.
Wir lebten wieder wie im Forsthaus dort.
Die entsprechenden Stallungen waren dabei.
Sie konnte starten frank und frei.

Mein Schulweg war jetzt wieder weiter.
Ich kannte das und nahm das heiter.
In Storkow in der 7. Klasse sehr behände.
Das Schuljahr war auch bald zu ende.

Der Viehbestand war fast verschwunden.
Wir begnügten uns mit Ziege und zwei Hunden.
Doch Arbeit gab es wieder reichlich,
für mich in Hühnerställen, unausweichlich.

Das Wohnhaus bei Rieplos 1954

Der gute Erfolg war Vater recht.
Nun nannte man ihn auch „Zackenknecht".
Eine andere Bezeichnung Bauernförster war.
Das stimmte, er war für sie da.

Der Vater stand weiter seinen Mann.
Die Jagd hatte es ihm wieder angetan.
Auch ich dabei, sah wie das lief.
Vater wurde Vorstand des Jagdkollektivs.

Das viele Loben stell ich jetzt ein,
denn auch Kritik muss leider sein.
Sein neues Tun das muss man sehen,
das ließ ihn oft in Kneipen gehen.

Dort konnte er Waldbesitzer treffen,
mit ihnen Probleme, Einschlag besprechen.
Manch einer von ihnen gab einen aus.
Oftmals kam Vater beschwipst nach Haus.

Die Versuchung und sein Hang,
waren dabei, wie ein Zwang.
Trotz allem war er sehr beliebt.
Sein berufliches Leben nie mehr getrübt.

Ganz anders das Familieleben.
Da hat es Auseinandersetzungen gegeben.
Der lockre, leichte Lebensstil,
der kostete Geld, manchmal zu viel.

So kam es schon mal vor,
dass er die Übersicht verlor.
Er hat dabei recht unbedacht
auch Mutters Geld mit durchgebracht.

Dann gab es auch noch Weibergeschichten.
Davon will ich hier jetzt nicht berichten.
Dazu der viele Rauchgenuss.
Das zu beenden war ein Muss!

Auch konnte das, man sieht das ein,
nicht gut für die Gesundheit sein.
So war schließlich die Vernunft geblieben.
Er hat nicht nur den Alkohol gemieden.

Von den Kollegen wurde er geschätzt.
Er blieb der Bauernförster bis zuletzt.
Obwohl Veränderung sich bot,
blieb er hier tätig bis 1976, seinem Tod.

12. Mutters neue Heimat

Es war im 59er Jahr
Da wurden Mutters Wünsche wahr.
Sie hatte es geschafft,
es nun zum eignem Haus gebracht.

Jetzt konnte sie wieder Heimat sagen,
jedoch Vergangenes nicht begraben.
Die Erinnerung an „zu Haus" blieb stehen,
doch ohne sich danach zu sehnen.

In Storkow war sie nun daheim.
Konnte auch beruflich glücklich sein.
Sie hatte Arbeit gleich bekommen.
Die Schuhfabrik hat sie genommen.

Das stärkte auch ihr Wertgefühl,
denn ohne Beruf hatte sie davon nicht viel.
Es kehrte so zu ihr zurück
ein wohl verdientes Lebensglück.

Hier hat sie noch 40 Jahre gewohnt.
Ihr ganzes Mühen hatte sich gelohnt.
Am Ende , das war nicht so gut,
verließ sie schnell der Lebensmut.

So endet meine Kindgeschichte
von der ich euch gab hier Berichte.
Mein Kindheitstraum war niemals aus.
Jetzt leb´ ich wieder im Försterhaus.

Mein Traum

In meine vielen Arbeitsjahren
einen Traum konnte ich mir stets bewahren.
Mit Aufwand, Arbeit und langem Streben
erfüllte sich mein Traum des Lebens.

Ein Forsthaus, wie in Kindertagen,
das sollte es sein, muss ich euch sagen.
Die Kindheit, die ist längst vorbei,
geblieben ist die Träumerei.

Natürlich ist der Blick verklärt.
Zurück zu denken, sich bewährt.
Manch schöner Brauch, auch schwere Last,
ist längst vorbei oder verblasst.

Doch gilt mit Träumen, dann mit Taten,
Gutes zu erhalten, ist uns zu raten.
Dann später fällt dir auch noch ein,
wie klug der Alten Hinweise seien.

Herstellung und Verlag:
BoD - Books on Demand, Norderstedt
ISBN 978-3-7386-4378-7